ALLOCUTION

PRONONCÉE POUR LE MARIAGE

DE M. PAUL DE LAAGE ET DE Mlle MARGUERITE DE MONTARDY

Le 7 Novembre 1888

A. J. P. M.

ALLOCUTION

PRONONCÉE POUR LE MARIAGE

DE

M. Paul de LAAGE

ET DE

Mlle Marguerite de MONTARDY

DANS LA CHAPELLE DU CHALET DE LA BOIXE

PAR

M. l'Abbé Armand de LAAGE

Chanoine honoraire

Supérieur du Petit Séminaire de Montlieu

LE 7 NOVEMBRE 1888

ANGOULÊME

IMPRIMERIE CHARENTAISE DE G. CHASSEIGNAC

26, Rempart Desaix, 26

1889

ALLOCUTION

PRONONCÉE POUR LE MARIAGE

DE M. Paul DE LAAGE ET DE Mlle Marguerite DE MONTARDY

Le 7 Novembre 1888

> *Bene ambuletis, et Deus sit in itinere vestro,
> et Angelus Domini comitetur vobiscum.*
>
> Bon et heureux voyage ; que Dieu soit avec
> vous dans le chemin, et que l'Ange du Seigneur
> vous accompagne.
>
> (Paroles de Tobie à son fils au
> moment du départ.)

Les Patriarches aimaient à se représenter la vie sous l'image gracieuse d'un voyage. S'il m'était permis de vous montrer tout ce que cette image renferme de charmante vérité, ne serait-ce pas en ce jour où tout vous sourit et vous parle de bonheur, où votre cœur s'ouvre aux plus douces espérances, où l'avenir ajoute ses promesses séduisantes à la plus agréable réalité ; où tous, ici, parents, amis, accourus pour vous fêter, vous souhaitent, au gré de votre cœur, tout ce que

Dieu peut donner de félicité et de bénédictions à ses plus chers enfants ?

Mais un chrétien a des pensées plus graves et plus sérieuses, aussi je ne crains pas, même à cette heure, de vous rappeler que ce voyage en apparence si séduisant de la vie est un voyage court et rapide. A peine commencez-vous à en comprendre la réalité, et déjà vous sentez la main du temps vous saisir; bientôt elle vous poussera en avant, toujours en avant, vous permettant à peine de porter vos regards sur les objets que vous rencontrerez en chemin. De plus, tout chrétien le sait, ce voyage si court et si rapide de la vie n'est pas le but dernier de notre existence, ce n'est qu'un passage qui doit nous conduire au Ciel, la véritable patrie, où Dieu nous appelle à nous reposer éternellement avec lui ; le chrétien sait aussi que la route n'est pas sans péril : Dieu qui veut que la vie présente soit une épreuve, l'a semée de dangers et de combats ; il sait enfin que si l'homme peut choisir sa route, il fixe déjà son sort, le Souverain Juge devant lui donner dans l'éternité ce qu'il aura lui-même choisi et préféré dans le temps. Sous l'empire des sentiments que ces graves pensées éveillent dans son âme, le chrétien, partagé entre les espérances que lui donne sa haute destinée et la crainte que lui inspire sa faiblesse, se tourne naturellement vers Dieu, son Seigneur et son Père du Ciel ; à l'heure du départ, il fléchit humblement le genou au pied de l'autel et implore avec instance cette grâce et cette bénédiction divines qui seront, durant tout le voyage, sa lumière et sa force.

Voici pour vous cette heure solennelle ; encore quelques instants et vous allez vous lever pour commencer ensemble la grande étape de votre vie.

Je n'ai pas besoin de m'arrêter à vous inspirer les sentiments qui attireront sur vous la bénédiction de Dieu. L'éducation chrétienne que vous avez reçue, les conseils qui vous ont été donnés, les exemples dont vous êtes depuis votre enfance les heureux témoins, la manière si édifiante dont vous vous êtes préparés, comme de dignes enfants de l'Église catholique, à recevoir le sacrement auguste du mariage, tout me dit assez quelles pensées chrétiennes et pieuses vous apportez aujourd'hui au pied des autels. Jésus-Christ que vous avez voulu recevoir ensemble hier encore, comme pour l'inviter à présider lui-même et à bénir la fête de vos noces, votre Dieu, est dans votre cœur, et il vous y inspire lui-même les saintes dispositions qu'il désire y trouver pour qu'il lui soit permis de vous sanctifier et de vous bénir au gré de sa miséricorde infinie.

Aussi, appelé, par une attention délicate dont j'ai été profondément touché et dont je sens en ce moment tout le prix, à vous exprimer les vœux de vos familles et à faire descendre sur votre union la bénédiction du Ciel, je vous dirai, au nom de tous, et avec la douce confiance d'être exaucé : Bon et heureux voyage ; que Dieu soit avec vous dans le chemin, et que l'Ange du Seigneur vous accompagne !

Après avoir demandé avant tout pour vous la bénédiction de Dieu, je n'ai pas à vous souhaiter les avantages temporels qui soutiennent et relèvent dans la société le rang et la noblesse du sang. Vous les tenez de vos aïeux, vos parents vous les transmettront comme un digne héritage. Vous vous souviendrez que si ces avantages vous élèvent dans la société, ce n'est que pour vous aider à y maintenir ces traditions d'honneur. de dignité, de dévouement et de charité qui, conservées par l'esprit chrétien et chevaleresque de notre nation, en dépit d'un siècle démocratique et par trop utilitaire, sont encore le cachet et la gloire de la vraie société française. Ces traditions si françaises ont dirigé votre première éducation, vous y resterez fidèles.

Mais il est des traditions d'un ordre plus élevé, que vous serez jaloux de garder aussi comme un dépôt sacré, que vous perpétuerez avec plus de zèle et plus d'amour encore.

Ici, que votre piété filiale me permette un rapprochement que me suggérait, il y a quelques jours, la lecture du livre de Tobie. Le livre sacré nous raconte que pendant que la plupart des Juifs oubliaient le culte du vrai Dieu, Tobie dès son enfance aimait Dieu et fuyait la société des méchants ; quand de tous côtés le peuple égaré courait aux veaux d'or, lui, le fidèle Tobie, se rendait fréquemment au temple de Jérusalem, offrant au Seigneur les prémices et la dîme de tous ses biens ; quand Dieu lui donna un fils, continue le saint livre, il lui apprit avant tout à craindre Dieu et à ne pas l'offenser ; emmené captif à Ninive, au jour où les Juifs reçurent du Ciel le juste châtiment de leur infidélité, Tobie n'abandonna jamais la voie de la vérité, et pour garder la loi de Dieu, il ne craignit pas de s'exposer à l'injuste sévérité du roi de Ninive, jusqu'à compromettre ses biens et sa vie. Ainsi faisait Tobie, ce modèle admirable des parents qui comprennent leur devoir et leur sainte mission. Dans ce portrait de Tobie, votre piété filiale n'a-t-elle pas reconnu des exemples chers entre tous à vos cœurs d'enfants chrétiens? Oui, si l'infidélité du peuple juif paraît près d'être surpassée par l'infidélité plus coupable encore de cet autre peuple privilégié, choisi de Dieu entre tous pour servir sa cause, dans notre France qu'on voudrait détourner de Dieu, Tobie a trouvé des imitateurs, comme lui, attachés à Dieu dès leurs premières années, comme lui inébranlables dans la voie de la vérité, comme lui soucieux avant tout d'apprendre à leurs enfants à aimer et à servir Dieu sans l'offenser. Et si le saint Patriarche fut courageux, dans les jours mauvais, jusqu'à compromettre ses biens et sa personne pour aider et consoler ses frères malheureux, notre âge n'a-t-il pas vu aussi, et avec quelle admiration, des chrétiens généreux et intrépides, au jour où prévalaient la force et l'injustice, se dévouer pour consoler et défendre ouvertement ces maîtres vénérés de la jeunesse, qui n'étaient coupables que d'avoir enseigné à leurs élèves, avec la science et la vertu, l'amour de l'Église et de la France? Honneur à ces vaillants chrétiens! Je les salue au premier rang de cette chrétienne assemblée! je les salue sur la brèche où ils luttent chaque jour pour arracher notre pays au malheur irréparable d'une éducation sans Dieu ni maître! je les salue dans ces sociétés de Saint-Vincent-de-Paul où ils travaillent à faire apprécier aux pauvres et aux affligés les bienfaits de la Religion, dont les enseignements divins inspirent tous les dévouements et consolent toutes les douleurs ! je les salue dans ces Patronages et ces Cercles catholiques, à la tête de ce Syndicat chrétien et de ces Bibliothèques populaires, où ils apprennent à tous, à l'ouvrier des villes et au peuple laborieux des campagnes, que les croyances et les pratiques religieuses qui éclairent et soutiennent la vie du chrétien sont aussi, dans la société, la garantie la plus sûre de l'ordre et du travail, et que la loi la plus féconde du bonheur de l'individu, comme de la prospérité et du progrès des sociétés, c'est encore et ce sera toujours la loi chrétienne.

Exemples aussi admirables que précieux et qui imposent à la génération qui se lève le devoir de soutenir et de perpétuer ces grandes œuvres catholiques. La bataille est engagée entre le bien et le mal. Sans doute, la victoire doit en définitive rester au bien, mais à une condition, c'est qu'elle sera achetée par l'énergie et les efforts de tous les chrétiens fidèles. Quand la Religion, la Famille, la Société sont en péril, il n'est plus permis d'hésiter ; c'est pour tous l'heure du combat, *pro aris et focis*. Et dans cette lutte décisive, qui marchera avec le plus de vaillance et en tête de l'armée chrétienne ? N'est-ce pas cette génération de jeunes chrétiens qui reçoivent chaque jour des exemples de leurs pères les leçons les plus éclatantes du dévouement à la cause de l'Église et de la France ? N'y a-t-il pas cette lutte ardente et gigantesque du bien contre le mal, et dans les triomphes éclatants qu'elle nous promet pour demain, n'y a-t-il pas quelque chose de grand et de noble bien digne de tenter le cœur si généreux de la jeunesse chrétienne et française ? Du reste, n'est-ce pas pour nous l'occasion la plus désirable de reconnaître hautement et de commencer à payer par notre dévouement les bienfaits inestimables de cette sainte Religion, à qui nous devons, depuis notre jeunesse pieuse jusqu'à notre dernière heure qu'elle bénira, les plus douces consolations et l'honneur d'une vie chrétienne, sans peur et sans reproche, et riche de mérites pour l'éternité.

Vous portez au côté une épée, mon cher neveu, et nous savons tous que si l'heure de venger la patrie venait à sonner, le brillant élève de l'École militaire, avec les braves officiers qui l'accompagnent, marcherait vaillamment au combat et à la victoire. Sans attendre cette heure que notre patriotisme voudrait rapprocher, vous aimerez à servir, sur un autre champ de bataille, et la France et l'Église. Devant vous, à vos côtés, vous voyez les chefs les plus chers et les plus ardents, dont les exemples vous ont déjà dit et vous rediront chaque jour : qu'un chrétien, qu'un Français doit savoir prendre aujourd'hui. sur le terrain catholique, une position de combat, et que si la prudence impose parfois une réserve qui pèse aux cœurs généreux, cette réserve ne doit jamais aller jusqu'à se désintéresser d'une action où se joue et la vie de l'Église et la vie de la France. Noblesse oblige, mon cher neveu, vous ne l'oublierez pas.

Et vous, Mademoiselle, vous avez aussi appris des leçons d'une éducation chrétienne, des plus chers et des plus dignes exemples, comment vous devez servir la cause de l'Église et de la France. Dieu qui a sauvé notre pays, dès son berceau, par les prières de sainte

Geneviève, Dieu qui a terrassé nos ennemis par le bras, si faible en apparence, des Jeanne Hachette et des Jeanne d'Arc, nous a montré, et d'une manière bien éclatante, que la femme chrétienne doit, à certaines heures de péril extrême, descendre elle aussi sur le champ de bataille, et que son courage peut y soutenir le cœur des plus vaillants. La noble ardeur de Jeanne d'Arc et son amour pour Dieu et la France font battre encore ici le cœur des femmes chrétiennes et françaises. Épouses et mères vraiment dignes de leurs missions, elles ont déjà montré comment, à l'heure du combat, elles savent non seulement prier, mais aussi exhorter et enflammer le courage des combattants.

Donc, plus que jamais, et pour tons, notre vie est une vie de combat. Dans ce combat, vous vous animerez mutuellement à bien faire, et vous aurez, comme vos pères, la gloire, car c'en est une, et je n'en connais pas de plus digne de l'ambition de deux époux chrétiens, vous aurez la gloire de fonder, au milieu d'un monde pervers, une famille chrétienne où se perpétueront l'amour et le service de Dieu, la fidélité à sa loi sainte, le dévouement pour l'Église, pour la France et pour toutes les nobles causes. Ainsi, vous ferez au nom que vous portez le plus grand honneur qu'il puisse recevoir, et en rajeunissant sa gloire, vous le rendrez digne de nouvelles bénédictions. Mais n'oubliez pas que pour être chrétien ardent et dévoué à la face d'un monde impie, il faut être chrétien fidèle et fervent au foyer domestique. Ici encore les exemples de vos parents vous donnent cette leçon la plus précieuse; c'est dans une vie sérieusement et foncièrement chrétienne, seule, que le chrétien trempe chaque jour son âme et la rend assez forte pour combattre avec courage et gloire quand sonne l'heure de la lutte ouverte.

Nous lisons dans la vie de saint Louis que ce roi, entre tous le plus grand et le plus saint de nos rois, portait au jour de son mariage un anneau admirablement ciselé. Sur le chaton de cet anneau royal il avait fait graver ces trois mots : *Dieu, France, Marguerite,* comme s'il eût voulu se rappeler sans cesse, par ce signe gracieux, la triple affection qui devait absorber désormais toutes les pensées de son esprit et tous les sentiments de son cœur. Le roi fut fidèle à ce triple amour, et l'Église qui l'a mis sur les autels aime à saluer en lui le roi chrétien qui a combattu pour la cause de Dieu jusque sur les plages brûlantes de l'Afrique où il a donné sa vie ; le grand roi qui, par sa dignité si fière jusque sous le cimeterre des Mahométans, un moment ses maîtres, par sa justice et sa vaillance, a porté l'honneur et la gloire de la France à un degré qu'elle n'a pas encore dépassé ; enfin, l'époux modèle, toujours tendre et dévoué, dont l'affection fidèle charma les jours de la pieuse et douce Marguerite de Provence.

Vous allez, mon cher neveu, porter au foyer domestique un sceptre qui pour être moins lourd que celui de saint Louis n'en sera pas moins honorable, car la royauté n'est que l'extension de la paternité, et le roi n'est que le père d'une grande famille. Comme saint Louis, vous voudrez durant tout votre règne n'aimer que Dieu, la France et celle que vous appellerez aussi du nom de Marguerite, ce nom si beau qu'il brille comme la pierre précieuse. Comme saint Louis, vous saurez faire aimer et respecter votre autorité, vous ne l'imposerez qu'au nom du dévouement le plus absolu, et vous la tempérerez toujours par les attentions délicates de l'amour le plus fidèle et le plus tendre.

Vous, Mademoiselle, vous serez la première à chérir et à respecter l'autorité de celui que Dieu vous donne aujourd'hui pour être le chef de votre vie : vous la ferez respecter, cette autorité, par l'exemple d'une humble déférence ; vous la ferez aimer en imprimant à ses ordres, que vous transmettrez, les charmes de cette douceur aimable qui gagne et persuade tous les cœurs. Vous souvenant que vous devez partager cette autorité dans la famille, vous voudrez n'en user que pour faire le bonheur de votre époux, pour honorer les parents qui vous entourent, pour faire régner la paix et le bon ordre dans votre maison.

Les Patriarches donnaient jadis à leurs enfants, au jour où ils les unissaient, des conseils pleins de sagesse et qui sont de tous les temps.

Quand les parents de Sara furent sur le point de la laisser partir avec le jeune Tobie, nous lisons qu'ils la prirent à part, l'embrassèrent tendrement, et qu'ils l'avertirent d'honorer ses beaux parents, d'aimer son mari, de gouverner sa famille, de bien conduire sa maison et de se conserver elle-même iropréhensible.

Ainsi, vous saurez vivre ensemble sous l'œil de Dieu, n'ayant qu'un cœur et qu'une âme pour aimer et servir Dieu, pour vous aimer et vous soutenir, pour partager vos joies et vos peines, pour honorer et aimer ces parents si dignes de tout votre respect et de tout votre amour. Ainsi, votre mariage méritera d'être béni et de faire le bonheur de vos deux familles, déjà si bien unies par les mêmes sentiments de foi, de vertu et d'honneur.

Ah ! que votre union soit la joie surtout de ces aïeules vénérables, qui représentent encore parmi nous une génération entre toutes chrétienne, noble, tendre et dévouée. Sans doute, vous auriez voulu les voir toutes les trois aujourd'hui, autour de cet autel, avec celle qui vous y accompagne et vous y bénit si tendrement. Le cœur des deux absentes est bien avec vous en ce moment : il me semble les voir à cette heure lever vers le Ciel ces mains pieuses, sanctifiées par les bonnes œuvres d'une longue et sainte vie, ces mains si dignes de faire descendre sur vos têtes ces bénédictions que Dieu a accumulées de génération en génération sur leurs familles. Ah ! que Dieu exauce leurs vœux ardents, qu'il leur donne ce bonheur et cette gloire que souhaitaient les Patriarches, le bonheur et la gloire de voir par vous les enfants de leurs enfants jusqu'à la troisième et quatrième génération.

Que la bénédiction que vous allez recevoir retombe sur vos deux familles tout entières, afin d'y conserver cet esprit chrétien qui est le gage le plus assuré de la prospérité et du bonheur. Que de vos familles on puisse dire longtemps encore, et toujours, comme de la famille de Tobie : Tous ses parents menaient une vie bonne et sainte, en sorte qu'agréables à Dieu autant qu'aux hommes, ils étaient bénis des hommes et bénis de Dieu.

Et maintenant, au nom de tous ceux qui vous aiment et que vous aimez, au nom de cette branche de la famille de Saintonge qui m'a chargé tout particulièrement de ses vœux, au nom de tous ceux qui prient pour vous au Ciel et sur la terre, au nom de la sainte Église qui aime ses enfants fidèles et pieux, que Dieu, dont la bonté est infinie, répande sur vos fronts et fasse descendre dans vos cœurs toute l'abondance, toute la richesse de ses plus précieuses bénédictions.

Que le Dieu d'Abraham, d'Isaac et de Jacob, que le Dieu qui a béni et sanctifié vos aïeux chrétiens depuis des siècles, que Dieu vous unisse ! Qu'il vous garde dans l'union la plus longue et la plus douce ; qu'il réalise, et au delà, tous nos vœux et les vôtres, jusqu'au jour de cette union parfaite où vous jouirez au Ciel, avec ceux qui vous ont devancés, avec tous ceux qui vous entourent, d'un bonheur qui ne finira jamais !

Amen.

Chapelle du Chalet de la Boixe, 7 novembre 1888.